NATIONAL
GEOGRAPHIC

School Publishing

Comparar datos

Tessa Patel

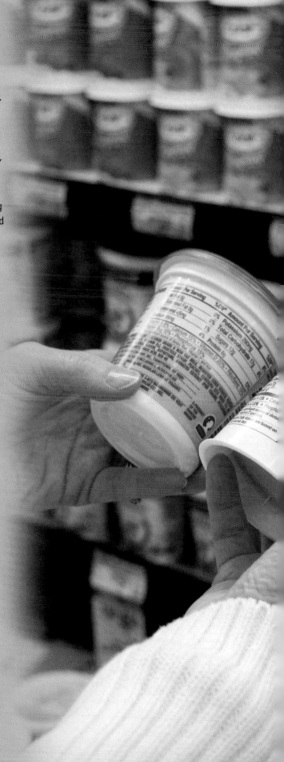

PICTURE CREDITS

Cover, 11, 14–15, Gaston Vanzet; 1, 7 (right), 9 (below), APL/Corbis; 2, 8, 10, 16, Photolibrary.com; 4 (above right), 5 (right), Ibis for Kids Australia; 4 (below right), Marmaduke St. John/Alamy; 6, Michael Newman/PhotoEdit, Inc.; 7 (left), 12, Tony Freeman/PhotoEdit, Inc.; 9 (above), Liane Cary/age fotostock; 18–19 (all), 21, Getty Images.

Produced through the worldwide resources of the National Geographic Society, John M. Fahey, Jr., President and Chief Executive Officer; Gilbert M. Grosvenor, Chairman of the Board.

PREPARED BY NATIONAL GEOGRAPHIC SCHOOL PUBLISHING

Steve Mico, Executive Vice President and Publisher, Children's Books and Education Publishing Group; Marianne Hiland, Editor in Chief; Lynnette Brent, Executive Editor; Michael Murphy and Barbara Wood, Senior Editors; Nicole Rouse, Editor; Bea Jackson, Design Director; David Dumo, Art Director; Shanin Glenn, Designer; Margaret Sidlosky, Illustrations Director; Matt Wascavage, Manager of Publishing Services; Sean Philpotts, Production Manager.

SPANISH LANGUAGE VERSION PREPARED BY
NATIONAL GEOGRAPHIC SCHOOL PUBLISHING GROUP

Sheron Long, CEO; Sam Gesumaria, President; Fran Downey, Vice President and Publisher; Margaret Sidlosky, Director of Design and Illustrations; Paul Osborn, Senior Editor; Sean Philpotts, Project Manager; Lisa Pergolizzi, Production Manager.

MANUFACTURING AND QUALITY MANAGEMENT

Christopher A. Liedel, Chief Financial Officer; George Bounelis, Vice President; Clifton M. Brown III, Director.

BOOK DEVELOPMENT

Ibis for Kids Australia Pty Limited.

SPANISH LANGUAGE TRANSLATION

Tatiana Acosta/Guillermo Gutiérrez

SPANISH LANGUAGE BOOK DEVELOPMENT

Navta Associates, Inc.

Published by the National Geographic Society
Washington, D.C. 20036-4688

ISBN: 978-0-7362-3866-3

Printed in Canada

12 11 10 09 08

10 9 8 7 6 5 4 3 2

Contenido

Nuestra gráfica ilustrada muestra cómo venimos a la escuela.

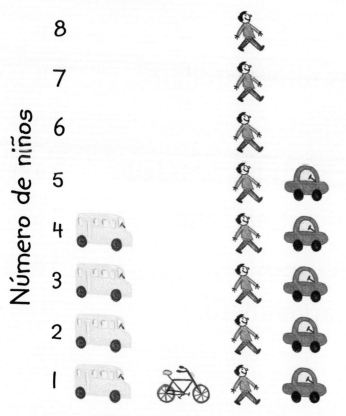

Número de niños

8 7 6 5 4 3 2 1

Maneras de venir a la escuela

4

En todas estas imágenes se muestran números.
¿Qué información nos dan los números?

$8.50

	Small	Large
	$7.80	$8.90
	$7.80	$8.90
bles	$7.80	$8.90
uce	$7.80	$8.90
e	$7.80	$8.90
uce	$7.80	$8.90
Onion	$7.80	

86. Vegetaria
87. Chicken
88. B.B.Q
89. Comb
90. King
91. Se

Hoy
Parcialmente nublado
y ventoso.
Máximas: 52° a 59°
Mínimas: 30° a 42°

Jueves
Parcialmente nublado;
ligera posibilidad de lluvias.
Máximas: 52° a 59°
Mínimas: 33° a 43°

Viernes
Muy nublado con posibilidad
de lluvias.
Máximas: 52° a 59°
Mínimas: 30° a 42°

Sábado
Muy nublado;
tormentas aisladas.
Máximas: 52° a 59°
Mínimas: 30° a 42°

Domingo
Muy nublado con posibilidad
de lluvias.
Máximas: 52° a 59°
Mínimas: 30° a 42

Reunir datos

Reunimos información para saber cosas. A esta información la llamamos **datos.** Podemos reunir datos sobre muchas cosas diferentes.

Los datos pueden ser información relacionada con dinero. Estas personas cuentan el dinero que han recaudado.

Los datos pueden ser información relacionada con el tiempo. Este niño usa un termómetro para saber qué **temperatura** hace.

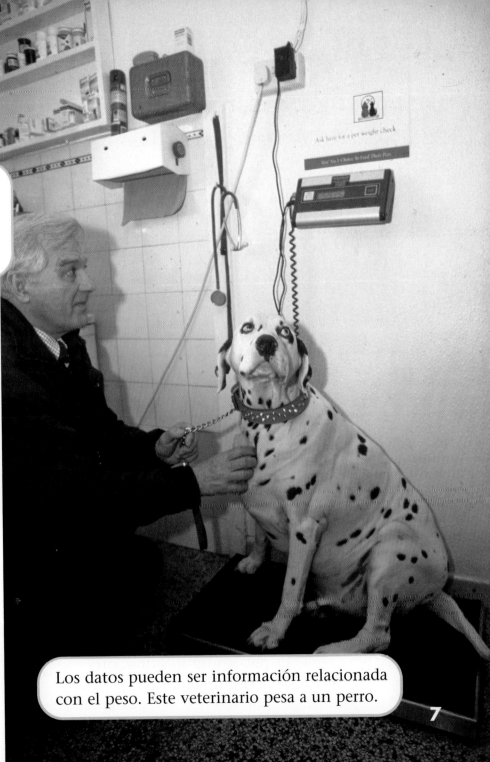

Los datos pueden ser información relacionada con el peso. Este veterinario pesa a un perro.

Los números muestran datos

Usamos datos todos los días. Esta información se suele mostrar con números.

Los números pueden indicar la capacidad de un recipiente.

Aspendell 12

North Lake 14
Lake Sabrina 14
South Lake 17

Los números pueden mostrar cuántas millas hay de un lugar a otro.

TIGERS QTR. GUEST
14 3 4 28

DOWN YDS. TO GO BALL ON
1 10 33

Los números pueden mostrar la **puntuación** de un partido.

9

Tablas y gráficas

A veces queremos comparar datos. Para hacerlo, podemos poner los datos en una **tabla** o en una **gráfica.** Esta tabla y esta gráfica muestran las **velocidades** de distintos animales.

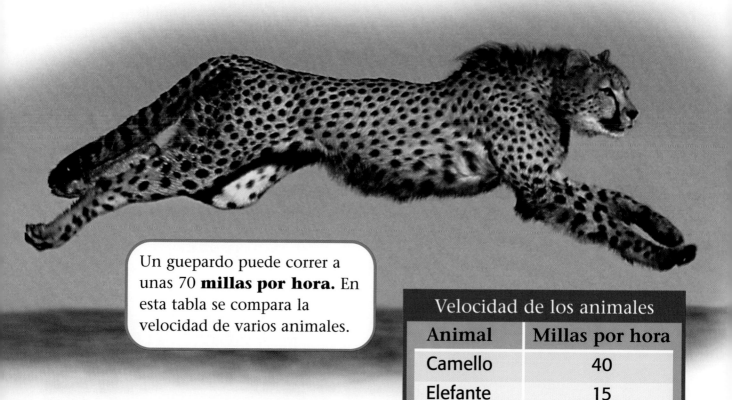

Un guepardo puede correr a unas 70 **millas por hora.** En esta tabla se compara la velocidad de varios animales.

Velocidad de los animales	
Animal	Millas por hora
Camello	40
Elefante	15
Caballo	50
Guepardo	70

Velocidad de los animales

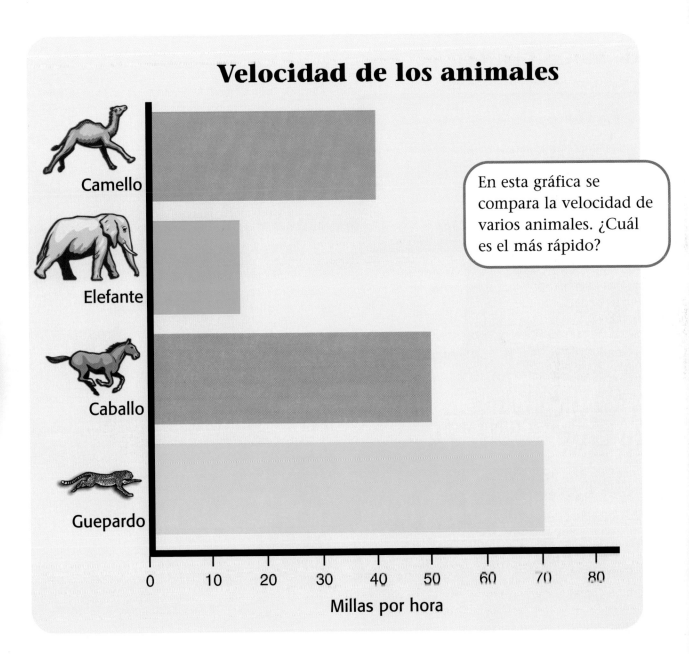

En esta gráfica se compara la velocidad de varios animales. ¿Cuál es el más rápido?

Camello

Elefante

Caballo

Guepardo

0 10 20 30 40 50 60 70 80

Millas por hora

Esta tabla y esta gráfica muestran la altura
de varias plantas.

Altura de la planta	
Planta	Pulgadas
Planta 1	8
Planta 2	10
Planta 3	9

Este chico está midiendo las plantas para averiguar cuál es la más alta.

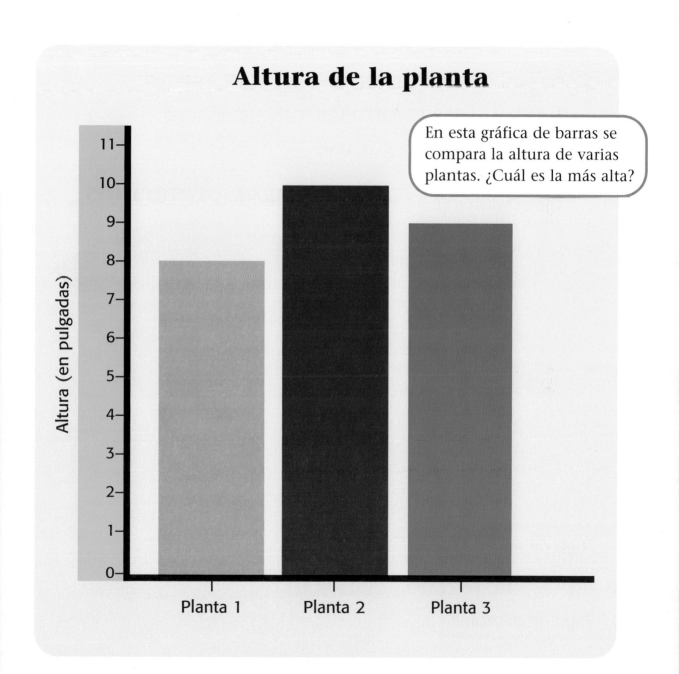

Altura de la planta

En esta gráfica de barras se compara la altura de varias plantas. ¿Cuál es la más alta?

Datos que muestran cantidades

Los datos pueden ser información sobre cosas que contamos. Esta información también se puede mostrar usando gráficas.

Diez estudiantes votaron el jugo que más les gustaba. Esta gráfica circular muestra a cuántos estudiantes les gustaba cada jugo.

Jugos preferidos

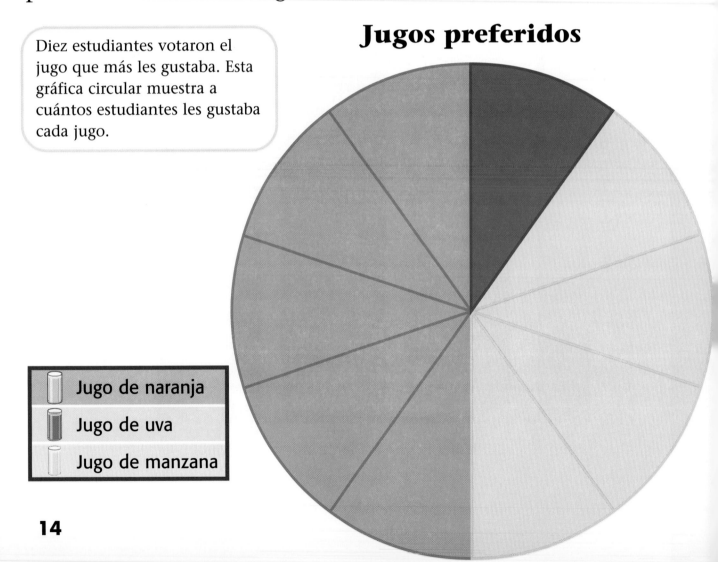

Jugo de naranja

Jugo de uva

Jugo de manzana

Jugos preferidos

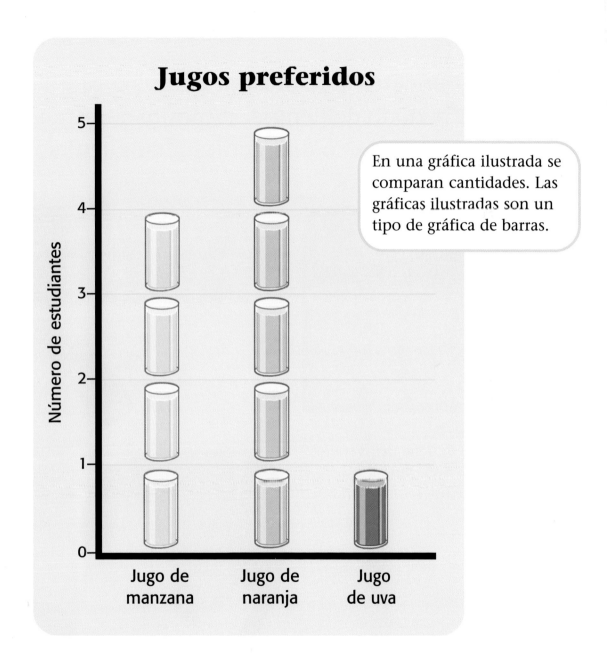

En una gráfica ilustrada se comparan cantidades. Las gráficas ilustradas son un tipo de gráfica de barras.

Datos que muestran cambios

Podemos usar datos para mostrar cómo ha cambiado algo en un periodo de tiempo. Es posible mostrar datos sobre cambios en una gráfica y también en una tabla.

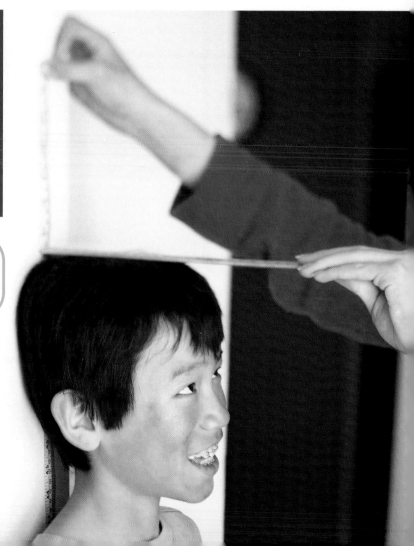

Crecimiento de Tim	
Edad (en años)	Altura (en pulgadas)
3	34
5	40
7	45
9	50

Esta tabla contiene datos sobre la altura de Tim. Muestra su altura entre los 3 y los 9 años.

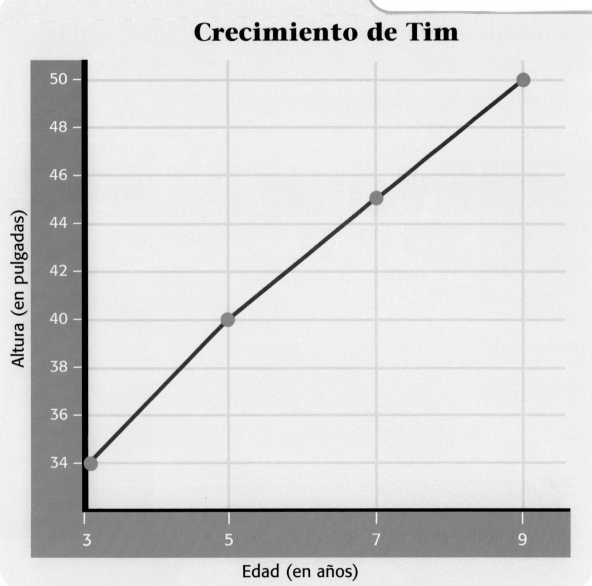

En una gráfica lineal se muestran cambios. Los puntos muestran datos sacados de la tabla.

Crecimiento de Tim

Altura (en pulgadas)

50
48
46
44
42
40
38
36
34

3   5   7   9

Edad (en años)

¡Datos asombrosos!

Podemos usar datos para comparar cosas excepcionalmente grandes. Un perro caliente normal mide unas 6 pulgadas de largo. ¿Saben cuánto mide el perro caliente más largo del mundo?

¡Esta tarta helada pesa casi 11,000 libras!

Esta enchilada mide unos 10 pies de ancho. ¡Pesa más de 800 libras!

¡Este perro caliente mide más de 16 pies de largo!

Deportes favoritos

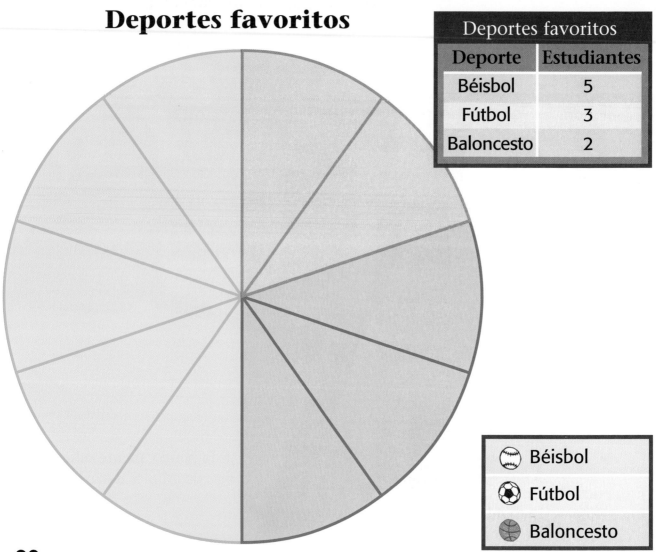

Deportes favoritos	
Deporte	Estudiantes
Béisbol	5
Fútbol	3
Baloncesto	2

- Béisbol
- Fútbol
- Baloncesto

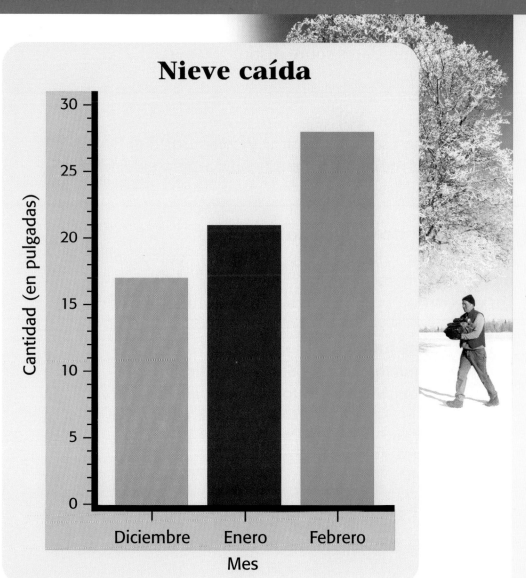

Nieve caída

Cantidad (en pulgadas)

30
25
20
15
10
5
0

Diciembre   Enero   Febrero

Mes

datos

gráfica

millas por hora

tabla

velocidad

Glosario

datos (página 6)
Información
Podemos reunir datos sobre distintos temas.

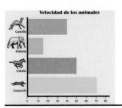

gráfica (página 10)
Dibujo que se usa para mostrar y comparar datos
Podemos usar una gráfica para comparar la velocidad
de varios animales.

millas por hora (página 10)
Medida de la velocidad que nos indica cuántas millas avanza
algo en una hora
Un guepardo puede correr a unas 70 millas por hora.

puntuación (página 9)
Número de puntos anotados en un partido
La puntuación de un partido de béisbol es un dato.

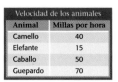

tabla (página 10)

Información que se muestra en columnas y filas

Podemos usar una tabla para mostrar datos.

temperatura (página 7)

Calor o frío de algo

A veces, reunimos datos relacionados con la temperatura.

velocidad (página 10)

Rapidez a la que algo se desplaza

Algunos caballos pueden correr a una velocidad de 50 millas por hora.

Índice